Damit deine Güte offenbar werde

Was deine Hoheit, Vater, beschlossen,
das gereicht mir zum Heil;
denn auf diese Weise
wird deine Güte offenbar.

Deine Allmacht wird man schauen,
deine Gerechtigkeit und Weisheit.
Ich werde sie der Welt verkünden
und deine Schönheit, deine Güte
und Herrlichkeit bekannt machen.

Ich werde meine Geliebte suchen;
auf mich nehmen will ich
ihre Mühe und Last,
die sie so lang erduldet.

Damit sie das Leben habe,
will ich für sie sterben;
aus dem Abgrund will ich sie retten
und sie führen zu dir.

Johannes vom Kreuz
(aus der 7. Romanze)

ANDREA SCHWARZ
ANGELO STIPINOVICH

Wer leben will wie Gott

Ein Kreuzweg

*Mit fünfzehn Bildern
von William Edward Pieters*

HERDER

FREIBURG · BASEL · WIEN

Für Basil Truster

Wer leben will wie Gott.
Ein Kreuzweg

Zum Geleit 8
von Weihbischof Dr. Werner Guballa, Mainz

Der Kreuzweg Jesu – Weg meines Lebens 11

1. Station: *Das ungerechte Urteil* 16
2. Station: *Das Kreuz* 21
3. Station: *Der Fall* 26
4. Station: *Die Begegnung – Maria die Mutter* 31
5. Station: *Die Hilfe – Simon von Zyrene* 36
6. Station: *Eine Geste – Veronika* 41
7. Station: *Und wieder – der zweite Fall* 46
8. Station: *Jesus und die Weinenden* 51
9. Station: *Der dritte Fall* 57
10. Station: *Die Würfel sind gefallen* 62
11. Station: *Ans Kreuz mit ihm* 67
12. Station: *Der Tod* 72
13. Station: *Zurück zur Mutter* 77
14. Station: *Das Grab* 82
15. Station: *Der Grund aller Hoffnung* 87

Bibelstellenverzeichnis 93

Zum Geleit
von Weihbischof Dr. Werner Guballa, Mainz

Dieses Buch sammelt die Geschichte des Lebens Jesu, verdichtet in seinem Leiden. Wir werden mitgenommen auf seinem Weg, Schritt für Schritt, bis ans Kreuz. Wenn wir uns ergreifen lassen, erkennen wir das Mit-uns und Für-uns des Lebens, Leidens und Sterbens Jesu.

Ein bildhafter Kreuzweg ist ein Nachempfinden. Der Künstler zeichnet den unvorstellbaren Weg nach. Zum Bild tritt das Wort. Es will das Betrachten mittragen und will zum Beten führen. Zu einem Gebet, das jene Tiefe erreicht, in der das Wort sich auflöst in das Leid, das wir mitbringen, in den Schrei, der uns besetzt, in die Armut, die unsre Leere bezeichnet. Wenn wir bis in jene Tiefe vorstoßen, in die das Wort nicht mehr hinreicht, können wir erfahren, was das Schweigen Gottes bedeutet. Dieses hat Jesus durchlitten.

Er hat die Folge der Sünde, den Verlust Gottes zutiefst erfahren. Gott ist alles, ohne ihn kann man weder leben noch sterben. Wir sehen Jesus in seiner abgrundtiefen Verlassenheit zwischen Himmel und Erde ausgespannt und hören die Worte der Spötter: «Er hat auf Gott vertraut, der soll ihn jetzt retten, wenn er an ihm Gefallen hat» (Matthäus 27,43).

Ohne dass er selbst schuldig war, hat Jesus die Schuld, die in jeder Sünde steckt, auf sich genommen.

Wenn wir dies bedenken, können wir erfassen, was es heißt, dass Jesus vor Gott für schuldig erklärt war. Er hat die tiefste Ursache menschlichen Leids erfahren, das Schuldgefühl. Er ist der Sohn Gottes und leidet ungerechterweise. Er hat aber in seinem Leiden die Schuld auf sich geladen, die Schuld dieser Welt, und hat uns davon erlöst.

Es genügt nicht, die Passion Jesu als ein historisches Ereignis anzusehen. Dies wäre ein Blick in die Geschichte, in einen abgeschlossenen Vorgang. Als der Versucher in der Wüste an Jesus herantritt, da zeigt er ihm alle Reiche dieser Welt. «Sieh dir an, auf welche Menschen du dich einlässt. Schau genau hin, für wen du leidest. Bedenke, was sie mit dir und aus dem, was du willst, machen werden.» Diese tiefe Einsamkeit, wie sie die Gottlosigkeit, die es in unserer Welt gibt, mit sich bringt, hat Jesus auf sich genommen in der festen Gewissheit, dass Sünde und Tod doch besiegt werden.

Nach wie vor durchziehen viele Kreuzwege unsere Erde. Der südafrikanische Künstler William Edward Pieters nimmt diese Kreuzwegspuren auf. Für ihn stehen sie in enger Verbindung mit seinen Erfahrungen auf diesem Kontinent. Afrika scheint ein vergessener Kontinent zu sein, der geprägt ist von Armut, der Geißel Aids, blutigen Stammesfehden und den noch blutenden Wunden seiner Geschichte, die von Unterdrückung, Ausbeutung, Verachtung und Sklaverei zeugt. Seine Bilder werden begleitet durch das sensible Wort von Andrea Schwarz und Angelo Stipinovich. Die Botschaft heißt: Wer im Kreuz das Zeichen des Lebens erblickt, der vermag sich aufzurichten und den Blick zu heben. Dabei erfährt er, dass einer unser aller Kreuz getragen hat, Christus, der Sohn Gottes. Er macht die feste Zusage, dass die Geschichte insgesamt und die Geschichte eines jeden Einzelnen nicht ein Weg zum Untergang ist. Das Kreuz einer drückenden Last, einer unheilvollen, leidgetränkten Situation behält nicht das letzte Wort, weil Christus mich vom Kreuz aus ansieht, mich aufrichtet, damit ich wieder aufrecht stehen kann. Er sagt mir: «Sei getrost, ich habe die Welt überwunden», und unser Glaube darf bekennen: «Im Kreuz ist Heil, im Kreuz ist Leben, im Kreuz ist Hoffnung.»

Der Kreuzweg Jesu – Weg meines Lebens

Die grundlegende Bedeutung der Botschaft des Kreuzweges Jesu Christi geht uns durch die geschichtliche Darstellung oft verloren. Der Kreuzweg aber spricht zu uns in unsere Zeit und in unsere konkrete Lebenssituation hinein. Er ist somit auch mein Weg. Ich kann und darf mich in die Situation Jesu Christi hineinversetzen und umgekehrt spüren, wie er sich mit mir solidarisiert und mir Befreiung schenkt.

Der Kreuzweg fängt mit der Verurteilung Jesu an. Auch ich werde bei der Geburt zum Leben «verurteilt». Ich werde nicht gefragt, warum ich zufällig in diese Wohlstandsgesellschaft hineingeboren werde und nicht in Äthiopien zur Welt komme. Wie Jesus unschuldig vor Pilatus steht, so stehe auch ich ohne persönliche Schuld den Ausgangsbedingungen meines Lebens gegenüber. Ich muss unweigerlich das Kreuz, die Last der Geschichte meiner Familie, meines Landes, meiner Gesundheit auf mich nehmen. Wie Jesus sein Kreuz auf seine Schulter nimmt, so muss ich das, was mir am Anfang meines Lebens gegeben wird, auf mich nehmen und damit zu gehen versuchen. Diese Last ist nicht immer leicht – und so wie Jesus zum ersten Mal fällt, so fallen wir alle.

Wann bin ich zum ersten Mal in meinem Leben «gefallen» – vielleicht, als ich mich nicht geliebt fühlte? Wann sind mir die ersten Enttäuschungen des Lebens begegnet? Sehr früh müssen wir Menschen lernen, dass das Fallen zum Leben dazu gehört. Und so weh es auch tun mag – die entscheidende Frage ist nicht, ob wir das Fallen irgendwie vermeiden können – sondern sie heißt: aufstehen oder liegen bleiben.

In der vierten Station des Kreuzwegs begegnet Jesus seiner Mutter. Was ist die Rolle meiner Mutter oder meines Vaters in meinem Leben? Haben sie mich bemitleidet oder zum Aufstehen ermutigt? Bin ich ihnen gegenüber dankbar oder nur kritisch?

Aber nicht nur Familie bestimmt unseren Weg. Die Rolle von Freunden in meinem Leben ist wichtig. In der fünften Station des Kreuzweges hilft Simon von Zyrene Jesus beim Tragen des Kreuzes. Wer sind meine Freunde? Wer hilft mir? Wie gehe ich mit ihnen um? Wann tragen sie meine Last mit mir und wann werde ich alleine gelassen? Auch Veronika, die Jesus in der sechsten Station das Schweißtuch reicht, tut einen Liebesdienst. Die prägenden Gesichter meines Lebens werden hier in Erinnerung gerufen. Wie das Gesicht Jesu auf das Schweißtuch von Veronika geprägt wird, so wird auch mein Gesicht in das Lebensgeflecht von unzähligen Menschen eingeprägt. Und andere Gesichter prägen sich in das Leinentuch meines Lebens. Niemand ist eine Insel – auch ich nicht. Und doch bleibt mir nicht erspart, dass ich immer wieder versage und falle.

So fällt Jesus zum zweiten Mal. Und es will mich erinnern an die Stürze in meinem Leben – wo habe ich Fehler gemacht und welche Konsequenzen ziehe ich daraus?

Auf seinem Weg nach Golgota begegnet Jesus den Weinenden. Je älter ich werde, desto bewusster wird mir, dass das Leben nicht nur eitel Freude und Sonnenschein ist. Es gibt auch Trauer und Not, Angst und Leid. Die Sorglosigkeit der Kindheit schwindet irgendwann dahin. Die oft brutale Realität des menschlichen Lebens wird am deutlichsten in der Konfrontation mit solchen Lebenssituationen. Und dann ist es diese erlebte Ohnmacht, die Machtlosigkeit, die uns nicht nur einmal, zweimal, sondern immer wieder fallen lässt.

Bei der neunten Kreuzwegstation fällt Jesus zum dritten Mal. Immer wieder das Gleiche? Auch ich mache immer wieder die gleichen Fehler. Ich erkenne die Muster, die mein Leben bestimmen. Woher hole ich mir die Kraft, um aufzustehen? Erahne ich schon jetzt, dass ich eine größere Macht in meinem Leben brauche? Erahne ich etwas von dem Schrei ganz tief in mir: «Eloi, Eloi, lema sabachtani?» – «Mein Gott, mein Gott, warum hast du mich verlassen?»

Nach dem dritten Fall wird Jesus seines Gewandes beraubt. Die Würfel sind gefallen. Ich erkenne mich in meiner eigenen Nacktheit. Es gibt solche Situationen, in denen ich die Endgültigkeit dessen erkenne, was mir im Leben genommen wurde. Welche verpassten Möglichkeiten musste ich hergeben? Welche Ideale, welche Moral sind auf der Strecke geblieben? Viele von uns mussten ihre Illusionen hergeben, sie wurden arbeitslos, haben ihre Heimat verloren, mussten den Verlust eines lieben Menschen verkraften. Und irgendwann werde ich eins mit meinem Kreuz. Ich muss das Leiden annehmen und mich hingeben. Kann ich das?

Jesus wird ans Kreuz genagelt – und er stirbt. Auch ich werde irgendwann mit dem Tod konfrontiert – mit meinem eigenen Tod. Ja, und ich habe Angst. Angst vor einem solchen Leben, zu dem der Tod dazu gehört. Ich fürchte mich vor dem Sterben. Was kommt danach? Wie sieht es aus, das Leben nach dem Tod? Ich glaube und ich zweifle.

Mit dem eigenen Tod umzugehen ist schon schwer, aber das Sterben des anderen anzunehmen, kostet oft noch viel mehr Kraft. In der dreizehnten Station wird Jesus tot in den Schoß seiner Mutter gelegt. Wir müssen es lernen, mit dem Tod neben uns und in uns zu leben.

Und dann das Grab. Wen oder was habe ich im Leben begraben oder vergraben? Gefühle, Träume, Wünsche oder sogar Menschen? Oder habe ich mich vielleicht sogar selbst begraben?

Aber – der Weg des Kreuzes endet nicht im Grab, sondern in dem Glauben, dass Christus uns durch seinen Tod neu zum Leben führt. Jesus lebt – Halleluja. Auferstehung. Nur durch die Auferstehung werde ich mein Kreuz und meinen Lebensweg – meinen ganz persönlichen Kreuzweg – gehen können. Das Böse ist schon besiegt, und mein Gott ist ein Gott der Lebenden, nicht der Toten. Das Kreuz lässt mich fragen: Worauf hoffe ich? Und was ist der Grund meiner Hoffnung?

Der Kreuzweg Jesu Christi ist der Lebensweg jedes Menschen. Deswegen lohnt es sich, den Weg Jesu mitzugehen, das Kreuz mit ihm zu tragen, in der Gewissheit, dass er bei uns ist alle Tage unseres Lebens bis ans Ende der Welt.

Angelo Stipinovich

1 Das ungerechte Urteil

Pilatus ließ Jesus rufen und sagte zu ihm: «Du bist der König der Juden?» Jesus antwortete: «Sagst du das von dir aus, oder haben es andere dir von mir gesagt?» Pilatus antwortete: «Bin ich denn ein Jude? Dein Volk und die Hohenpriester haben dich mir ausgeliefert. Was hast du getan?» Jesus antwortete: «Mein Reich ist nicht von dieser Welt. Wenn mein Reich von dieser Welt wäre, hätten meine Diener gekämpft, dass ich den Juden nicht ausgeliefert worden wäre. Nun aber ist mein Reich nicht von hier.» Da sagte Pilatus zu ihm: «Also bist du doch ein König?» Jesus antwortete: «Du sagst es: Ich bin ein König. Ich bin dazu geboren und dazu in die Welt gekommen, um für die Wahrheit Zeugnis abzulegen. Jeder, der aus der Wahrheit ist, hört auf meine Stimme.»
Pilatus sagte zu ihm: «Was ist Wahrheit?»

Johannes 18,33–38

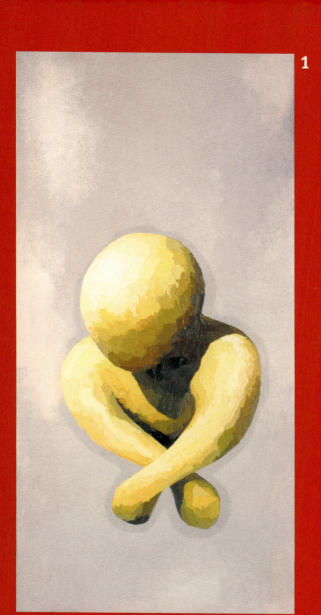

Der Mann · die gekreuzten Hände · das weggedrehte Gesicht. Die Mächtigen haben sich versammelt · und sie einigen sich, auch wenn sie nicht eins sind · Juden und Römer · Politiker und Priester. Das ungerechte Urteil · die zerschlagene Hoffnung

Gott bekennt seine Macht in der Wehrlosigkeit eines Menschensohns.
Eins mit allen, die in den Firmen und Fabriken unserer Wirtschaft,
in Betten und Bars,
auf den Straßen und in den Häusern unserer Städte ungerecht behandelt werden.
Eins mit den Kleinen und Entmachteten.
Eins mit den Opfern von Rassismus und religiösem Fanatismus.

Das Leben ist nicht immer gerecht.
Wahre menschliche Größe beginnt mit der Bereitschaft,
nicht nur auf mein persönliches Schicksal zu schauen, sondern darüber hinaus zu wachsen.
Liebe ist stärker als Hass.
Gerechtigkeit mehr als das Gesetz.

Der Mann – die gekreuzten Hände –
das weggedrehte Gesicht: Jesus vor Pilatus.

Da lieferte er Jesus an sie aus, dass er gekreuzigt würde.

Die zerschlagene Hoffnung.

In ihm war das Leben, und das Leben war das Licht der Menschen. Und das Wort ist Fleisch geworden und hat unter uns gewohnt.

Jesus, der Christus, ist das Licht. Er ist der König einer anderen Welt, der aus Liebe zu uns Menschen in unsere Welt kommt. Er nimmt Partei, er ist solidarisch, er geht unsere Menschenwege mit. Er, das Licht, gibt sich in unser Dunkel hinein.

Das Volk, das im Finstern wandelt, schaut ein großes Licht; über denen, die im Land der Dunkelheit wohnen, erstrahlt ein Licht.

Die Mächte des Bösen wollen das Gute zerstören, das Dunkel will das Licht, der Tod will das Leben. Das Urteil ist gesprochen. Gescheitert.

Ausgeliefert. Wie so oft in unserem Menschenleben.

Und da ist ein Gott, der von oben zuschaut.
Aber da ist auch ein Gott, der sich mitten hinein begibt. Mitten in das Dunkel, das Ende, das Ausgeliefert-Sein.
Da ist ein Gott, der uns Menschen so sehr liebt, dass er mittendrin dabei ist, der so sehr solidarisch ist, dass er mitgeht, dass er die Hände den Fesseln entgegenstreckt.
All den Fesseln entgegenstreckt, die uns Menschen binden.

Und das Licht scheint in der Finsternis, und die Finsternis hat es nicht ergriffen.

Das Licht gibt sich in das Dunkel hinein – aus Liebe zu uns Menschen. Gott gibt sich hin, er liebt sich durch, er will dort sein, wo wir sind.
Er will bei uns sein, wo unser Leben am dunkelsten ist. Gott ist so sehr bei den Armen, dass sogar die Mächtigen fragen: Was ist Wahrheit?

Herr, hilf uns, andere so zu behandeln, wie wir selbst behandelt werden wollen.

2 Das Kreuz

Wenn einer mir nachfolgen will, so verleugne er sich selbst, nehme sein Kreuz auf sich und folge mir nach. Denn wer sein Leben retten will, wird es verlieren. Wer aber sein Leben verliert um meinetwillen, der wird es finden.

Matthäus 16,25–25

2

*Übergroß der Widerspruch · unerträglich die Last ·
schweigend angenommen · entschlossen umarmt.*

Kreuz und Leid annehmen und tragen. Kein Spaß.

~~Das Licht wird konfrontiert mit der Dunkelheit und der Last der Welt.~~ Der Schatten des Kreuzes verdunkelt den Glanz des Menschensohnes. Er aber läuft nicht weg. Er verweigert sich nicht. Er nimmt die Bürde des Holzes und umarmt sie. Der Mensch und seine Last werden eins. Die Stunde ist gekommen. Der Weg des Kreuzes beginnt. Es gibt kein Zurück.

Das Leben besteht nicht nur aus schönen Stunden, aus leichten Momenten. Menschen werden von Krankheiten heimgesucht und mit Leid konfrontiert. Ein Prüfstein des Glaubens. Aber wer versucht, dem Leid in seinem Leben zu entrinnen, verliert seinen Weg – und wer die Dunkelheit flieht, findet nie zum Licht.

Und tief in mir eine Stimme, die leise spricht: Mein Kind, nie wirst du mehr tragen müssen, als du kannst – denn ich trage mit.

Das Licht des Menschensohnes unter dem Dunkel
des Kreuzes – übergroß der Widerspruch,
unerträglich die Last.
Da hat einer meine Last auf sich genommen, da stellt
sich einer unter das Kreuz meines Lebens, da trägt
einer mit.

Einer trage des andern Last.

Schweigend angenommen – mein Leid, die Tränen,
die Schmerzen …
Entschlossen umarmt – all meine Schwäche, mein
Schreien, meine Hoffnungslosigkeit …

durch ihn.

*Unsere Krankheiten hat er getragen, unsere Schmerzen
hat er auf sich geladen. Er wurde misshandelt, doch er
beugte sich. Er öffnet nicht seinen Mund.*

Ich bin mit dem Kreuz meines Lebens nicht allein.
Da ist einer, der hält das aus,
der trägt das mit.
Der hat selbst das Kreuz auf sich genommen.

Ich bin nicht allein. Da geht einer mit. Freiwillig.
Weil er mich liebt.
Er kann mir das Dunkel nicht wegnehmen, aber er,
das Licht, kommt in meine Dunkelheit.

*Mein Elend ist aufgezeichnet bei dir. Sammle meine
Tränen in einem Krug, zeichne sie auf in deinem Buch!*

Weil er mein Elend annimmt, kann ich mein Elend
annehmen. Weil er meine Tränen wertschätzt, darf
ich sie weinen. Weil er mein Dunkel umarmt, kann
ich mein Dunkel umarmen.
Das Kreuz steht für alles Dunkle in der Welt.

Und er trug sein Kreuz.

Das Kreuz der Welt, das Kreuz der Menschen.
Mein Kreuz.

Herr, hilf uns das Leben auch in dunklen Stunden
anzunehmen und nicht zu verzweifeln. Schenke
uns dazu deine Kraft und schenke uns Vertrauen.

3 Der Fall

Wer darum glaubt zu stehen, der sehe zu, dass er nicht falle. Eine andere als eine menschliche Versuchung hat euch nicht erfasst. Gott aber ist treu. Er wird es nicht zulassen, dass ihr über eure Kräfte versucht werdet, sondern wird mit der Versuchung auch einen Ausweg schaffen, der euch das Ertragen ermöglicht.

1 Korinther 10,12–13

Am Boden zerstört · in die Knie gezwungen · aufstehen · weitergehen.

Bei aller Entschlossenheit geht es nicht mehr. Der Zug nach unten ist zu groß. Der Weg des Leidens zieht nach unten und raubt die Kraft.
Jesus stolpert, fällt und liegt auf hartem Boden.

Herabschauend auf den, der gefallen ist, bewegt sich niemand, um zu helfen. Die Hosanna Rufe des Volkes sind schon längst verstummt, ersetzt durch Getuschel und Gehässigkeit. Ein Mensch ist unter der Anstrengung seiner Last gefallen. Er steht auf, und alles verstummt in der Stille des Augenblicks. Es geht weiter.

Gott kennt die Schwächen der Menschen. Mutig ist nicht der, der immer Stärke vortäuscht, sondern der, der seine Schwächen zugeben kann.
Wer auf dem Weg ist und in Bewegung bleibt, wer sein Kreuz angenommen hat und nach vorn trägt, wird auch stolpern – und mag fallen.

Für Gottes Sohn zählt nicht die wankelmütige Stimme des Volkes. Er steht auf und trägt weiter. Er bleibt treu – über Grenzen hinaus.

Stolpern und fallen – das kann wehtun.
Wer auf dem Weg ist, und wer dabei noch eine Last mit sich trägt, für den kann ein Kieselstein, der im Weg liegt, zum Felsbrocken werden. Der hakt sich fest, der bleibt hängen.
Der fällt hin, weil er aus der Balance gekommen ist. Aber er kann wieder aufstehen.
Wenn ihn die Hoffnung trägt.

Wer liegen bleibt, der hat abgeschlossen mit dem Leben, der hat abgeschlossen mit Gott. Der hat resigniert. Der glaubt nicht mehr, dass Gott mit ihm diesen Weg geht. Dem leuchtet kein Licht mehr.

Wir, die Starken, müssen die Gebrechen der Schwachen tragen und dürfen nicht nach unserem Belieben handeln. Denn auch Christus lebte nicht sich selbst zu Gefallen, sondern wie geschrieben steht: «Die Schmähungen derer, die dich schmähen, sind auf mich gefallen.»

Christus fällt nicht unter dem Kreuz, weil die Kraft Gottes nicht reicht, sondern weil die Last der Menschen so groß ist.

Weil das Dunkel übermächtig zu sein scheint.
Weil wir die Orientierung verloren haben.
Weil wir nicht mehr wissen, was wirklich wichtig ist.

Kein Knecht kann zwei Herren dienen; denn entweder wird er den einen hassen und den anderen lieben, oder er wird dem einen anhangen und den anderen verachten. Ihr könnt nicht Gott dienen und dem Mammon.

Wer sich alle Möglichkeiten offen halten will, der wird gar nichts bekommen.
Wer das Kreuz nicht annimmt, wird liegen bleiben.
Wer sich nicht entscheidet, für den wird entschieden werden.

Wenn wir uns für Gott entscheiden,
wenn wir uns für das Leben entscheiden,
wird er mit uns aufstehen
und weitergehen.

Herr, lass nicht zu, dass ich am Boden liegen bleibe, sondern schenke mir die Kraft aufzustehen. Hilf mir, auf deine Stimme zu hören und dir zu glauben!

4 Die Begegnung – Maria die Mutter

Dränge mich nicht, dich zu verlassen und wegzugehen von dir. Denn wo du hingehst, will auch ich hingehn; wo du weilst, will auch ich weilen; dein Volk ist mein Volk, und dein Gott ist mein Gott. Wo du stirbst, da will ich sterben, und da will ich begraben sein.

Rut 1,16–17

4

**Zarte Umarmung · angenommen sein ·
bedingungslose Liebe · die Mutter.**

Hat sie denn geahnt, was ihr «Ja» bedeuten wird?
Nun geschieht es «nach seinem Wort».
Mirjam, die Mutter, und Jeschua, der Sohn. Ein
Augenblick voll Nähe. Von allen verlassen – von ihr
angenommen. Das Kreuz bedroht und kann doch
ihrer Zärtlichkeit, ihrer Liebe nichts nehmen. Jesus
neigt seinen Kopf ihrer Umarmung entgegen.

Denkst du, Maria, an den alten Simeon? «… Deine
eigene Seele wird ein Schwert durchdringen, auf dass
die Gedanken aus vielen Herzen offenbar werden.»

Mutter sein ist nicht leicht. Erleben, wie Kinder
eigene Wege gehen, selbst Entscheidungen treffen,
sich ent-binden. Für eine Mutter bleibt ein Kind ewig
die Frucht ihres Leibes. Loslassen und doch da sein
ist die Aufgabe der Liebe, und nicht verstehen
können und doch mitgehen ihr Ziel.

Mutter wird ein Mensch nicht durch das Gebären,
sondern durch bedingungslose Liebe und Fürsorge.
Man muss keine eigenen Kinder haben,
um Mutter zu sein.

Wenn der Leib geschunden wird, sucht die Seele die Liebe, die bedingungslos liebt – aller Erbärmlichkeit, aller Niedrigkeit zum Trotz. Da brauche ich einen, der mich in all meiner Nacktheit kennt – und trotzdem liebt.

Keine Gestalt besaß er noch Schönheit; und es war kein Anblick, dass wir ihn begehrten. Verachtet war er und von den Menschen gemieden, ein Mann von Schmerzen, erfahren im Leid.

Die bergenden Arme, die zarte Umarmung können den Schmerz des Kreuzes nicht wegnehmen. Es bleibt die Ohnmacht, die Ungewissheit, die Angst. Es bleibt der Kampf zwischen Hoffnung und dem bangen Warten auf den nächsten Schmerz.
Und so sehr man einen Menschen auch liebt, so kann man ihm das doch nicht abnehmen.
Und doch braucht man gerade dann Arme, die einen zärtlich umfangen, eine Hand, die zupackt, wo es notwendig ist, jemand, der vor meinen Tränen nicht erschrickt. Jemand, der mich in all meinem Elend trotzdem mag …
Gerade dann brauche ich einen, der nicht davonläuft.

Seid gewiss: Ich bin bei euch alle Tage bis zum Ende der Welt.

Das ist die Zusage dessen, der vor seinem eigenen Elend nicht davongelaufen ist. Und gerade deshalb kann und darf ich ihm glauben.
Das ist die Zusage dessen, der sich mitten in seinem Elend nicht zu gut war, sich von seiner Mutter umarmen zu lassen, dankbar zu sein für ihre Gesten der Nähe.
Das ist die Zusage dessen, der Schmerz, Krankheit und Tod auf sich genommen hat, um uns Menschen nahe zu sein – und der jetzt unsere Liebe, unsere zärtliche Umarmung, unser Mitgehen braucht.
Der uns braucht, damit wir all denen Mutter sein können, damit wir all die zärtlich umarmen, denen niemand Mutter ist und die niemand umarmt.

Wie eine Mutter ihren Sohn tröstet, will ich euch trösten.

Herr, segne die Mütter unserer Welt, die Menschen, die sich um uns sorgen.

5 Die Hilfe – Simon von Zyrene

Als sie Jesus hinausführten, griffen sie einen gewissen Simon von Zyrene auf, der eben vom Feld kam, und luden ihm das Kreuz auf, damit er es Jesus nachtrage.

Lukas 23,26

5

Aufgezwungene Last · weder gesucht, noch gewollt · ohne zu wissen, wie mir geschieht, bin ich plötzlich mitten drin · kein Zuschauer mehr · sondern das Kreuz auf meinen Schultern · warum gerade ich?

Simon hilft, aber nicht, weil er sich dazu entschieden hat, sondern weil er gezwungen wird. Er weiß gar nicht, wie ihm geschieht. Aus Angst packt Simon an.

Er wird nicht gefragt, das Kreuz wird ihm aufgeladen.
Er schweigt und geht mit.
Er ahnt nicht, was er tut.

Und so bleibt Jesus doch mit seiner Last allein.

Wie kann er auch Hilfe von einem erwarten, der fragt:

Warum gerade ich?
Wieso trifft es mich?

───────────

Kein Mensch sucht das Kreuz, um es sich freiwillig
auf die Schultern zu laden. Keiner sucht das Leiden.
Und doch zwingt uns das Leben immer wieder
hinein.
Einsamkeit, Krankheit, Tod.
Jeden trifft es irgendwann, früher oder später.
Um das Kreuz kommt keiner herum.

*So spricht Gott, der Herr, der den Himmel schuf und
ihn ausspannte, der die Erde hinbreitete mit ihren
Gewächsen, der Lebensatem dem Volk gibt, das auf ihr
wohnt, und Geist denen, die auf ihr wandeln.
Ich, der Herr, habe dich in Gerechtigkeit berufen, ich
habe deine Hand erfasst und dich gebildet.*

Gott ruft uns an seine Seite. Er ruft uns unter das
Kreuz – damit wir mit Jesus Christus zu seiner
Herrlichkeit auferstehen.
Es gibt kein Leben ohne den Tod.
Wir können nicht Zuschauer bleiben.
Wir werden eingebunden – mitten in das Geschehen
hinein.
Mit Christus unter dem Kreuz.

Ich habe dich zum Bund für mein Volk gemacht und zum Licht für die Völker.

Mit Christus durch das Kreuz
zum Leben.

Wohl ist Jesus Christus in seiner Schwachheit gekreuzigt worden, aber er lebt aus Gottes Kraft. So sind auch wir wohl schwach in ihm, aber wir werden uns mit ihm vor euren Augen aus Gottes Kraft als lebendig erweisen.

Die Kreuze des Lebens werden mir ungefragt auferlegt.
Ich habe keine Chance.

Der einzige Gedanke, der mir hilft:
Ich trage mit am Kreuz dessen,
der sein Kreuz für uns trägt,
und ich vertraue darauf,
dass er mich mit ihm durch das Kreuz
zum Leben führt.

Gott, gib mir die Kraft, die Kreuze meines Lebens zu tragen – und anderen dabei zu helfen!

6 Eine Geste – Veronika

«Denn ich war hungrig, und ihr habt mir zu essen gegeben, ich war durstig, und ihr habt mir zu trinken gereicht, ich war fremd, und ihr habt mich aufgenommen, nackt, und ihr habt mich bekleidet, ich war krank, und ihr habt mich besucht, ich war im Gefängnis, und ihr seid zu mir gekommen.» Da werden ihm die Gerechten antworten: «Herr, wann sahen wir dich hungrig und haben dich gespeist, oder durstig und haben dich getränkt? Wann sahen wir dich als Fremdling und haben dich aufgenommen oder nackt und dich bekleidet? Wann sahen wir dich krank oder im Gefängnis und kamen zu dir?» Und der König wird ihnen antworten und sprechen: «Wahrlich, ich sage euch: Was immer ihr einem dieser meiner geringsten Brüder getan habt, das habt ihr mir getan.»

Matthäus 25,35–40

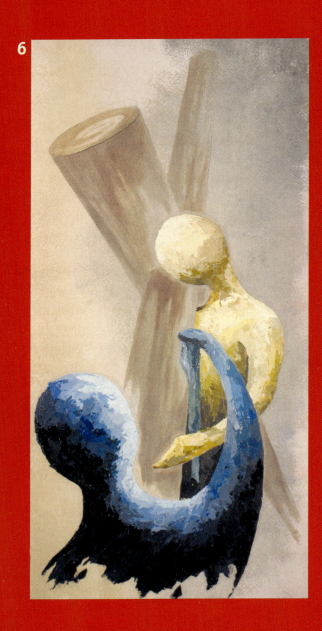

Eine Frau, von der die Bibel nichts weiß · eine Kleinigkeit, die sie schenkt, nichts Besonderes. Es war doch gar nicht so wichtig! Oder vielleicht doch?

Es ist nichts mehr zu machen. Er wird sterben. Das Urteil ist gefällt. Er schwitzt und er blutet. Aufhalten kann sie es nicht.
Veronika
tut was sie kann, nicht mehr – nicht weniger.
Veronika
reicht ihm das Tuch, zart und kühl fühlt es sich an, eine Kleinigkeit –
verewigt.

Ohnmächtig gegen das Sterben eines Menschen an Krebs –
hilflos in die Augen eines AIDS Patienten schauen –
emotional unbewaffnet eines alten Vaters Zerbrechlichkeit gegenübertreten –
die Hand halten, Mut und Trost zusprechen, mitten im hektischen Alltag pausieren, ein Gebet sprechen, einen Besuch abstatten, Windeln wechseln, ein Kissen richten –

verewigte Kleinigkeiten.

Zugegeben – der Name Veronika taucht in der Bibel nirgendwo auf – und auch diese Begebenheit ist historisch nicht überliefert. Und doch ist sie ein so fester Bestandteil der Volksfrömmigkeit, dass sie sogar einen Platz im Kreuzweg bekommen hat.

Es gibt eine Wahrheit, die sich allen Fakten entzieht. Liebe kann man nicht wissenschaftlich messen und beweisen. Liebe kann man nur geben und sich schenken lassen.

Und doch – eine solche Wahrheit zu leben, das hinterlässt Eindrücke. Bei dem, der liebt – und bei dem, der geliebt wird.

Tu mich wie ein Siegel auf dein Herz, wie ein Siegel an deinen Arm! Ja, stark wie der Tod ist die Liebe, hart wie die Unterwelt die Leidenschaft. Ihre Brände sind Feuerbrände, sind Gottesflammen. Selbst gewaltige Wasser vermöchten nicht, die Liebe zu löschen, auch Ströme schwemmen sie nicht fort.

Große Worte – aber was nutzen mir die großen Worte, wenn sie im Alltag nicht gelten? Der Alltag braucht die kleinen Gesten, die Zeichen. Woran sonst will ich Liebe erkennen?

Die Liebe ist langmütig, gütig ist die Liebe. Alles deckt sie zu, alles glaubt sie, alles hofft sie, alles erträgt sie.

Liebe braucht Zeichen, kleine und manchmal auch große. Aber die kleinen Zeichen sind manchmal die viel wichtigeren. Ein Anruf, eine Frage, ein gutes Wort. Ein Taschentuch, um die Tränen abzuwischen, eine Umarmung, in die man sich hineingeben kann, ein Wort, das nicht vertröstet, sondern mit mir geht. Und manchmal auch ein Verstummen und Schweigen – und Aushalten.

Lass nicht zu, o Gott, dass ich die Kleinigkeiten auf dem Weg vernachlässige – und ja, danke für die kleinen geschenkten Gesten der Liebe, Zärtlichkeit und Zuneigung in meinem Leben.

7 Und wieder – der zweite Fall

Seht, mein Knecht, den ich stütze, mein Erwählter, an dem ich mein Wohlgefallen habe! Ich lege meinen Geist auf ihn, dass er den Völkern die Wahrheit verkünde. Er wird nicht schreien und nicht lärmen, noch lässt er auf den Straßen seine Stimme hören. Ein geknicktes Rohr zerbricht er nicht, und einen glimmenden Docht löscht er nicht aus. In Treue trägt er das Recht hinaus. Er wird nicht ermatten und nicht zusammenbrechen, bis er das Recht auf Erden begründet; denn die Inseln harren auf seine Weisung.

Jesaja 42,1–4

7

Bitte! · Es reicht! · Aber nein. Der Weg geht weiter.

Von Simon aus Zyrene keine Spur. Und nicht von Johannes oder Petrus oder Andreas. Alleine.
Alles ist still – ringsum.
Ohnmacht. – Ohnmächtig. – Ohne Macht.
Von Engeln und Menschen verlassen. Das ferne Gefühl des Ich schwindet dahin. Hochschauen. Spott – Zirkus. Das Gefühl, ganz alleine zu sein. Niemand hilft.

Ich bin abgeschieden und ganz auf mich gestellt. Stehe ich auf oder nicht? Mache ich weiter oder nicht? Reicht die Kraft oder nicht?
Aufstehen. Er steht auf. Weiter!

Ein Mal fallen wird meistens verziehen – aber ein zweites Mal … oder sogar ein drittes, viertes? Nun wird nicht mehr gegen das Kreuz gekämpft, sondern gegen sich selbst. Die große Versuchung –
ich gebe auf und nicht:
Ich gebe hin.

Und dann – ja doch. Leise. Schritt für Schritt. Woher diese Kraft?
Nicht wissen, nur erahnen.

Manchmal ist man am Ende. Nichts geht mehr.
Und so unsagbar müde, man will nicht mehr.
Und so unendlich allein.
Liegen bleiben. Nicht mehr kämpfen müssen. Lassen.
Ende, Schluss, aus.

Weißt du es denn nicht, hast du es nicht gehört? Ein ewiger Gott ist der Herr, der die Enden der Erde schuf. Er ermattet nicht und wird nicht müde, seine Weisheit ist unerforschlich. Er gibt dem Müden Kraft und dem Erschöpften Stärke. Die Jugend wird müde und ermattet, selbst junge Krieger brechen zusammen. Die aber auf den Herrn hoffen, schöpfen neue Kraft, empfangen Schwingen gleich dem Adler. Sie laufen und werden nicht müde, sie gehen und werden nicht matt.

Da ist einer, der all das kennt. Die Kraftlosigkeit und den Wunsch liegen zu bleiben. Die Müdigkeit und die Verlassenheit. Das Ende …
Und weil er das kennt, verlässt er uns nicht, wenn uns alle verlassen. Weil er das kennt, hebt er uns auf, wenn wir fallen. Weil er das kennt, trägt er das Kreuz für uns.

Wisst ihr nicht, dass ihr Gottes Tempel seid und der Geist Gottes in euch wohnt? Wer den Tempel Gottes vernichtet, den wird Gott vernichten; denn der Tempel Gottes ist heilig, und der seid ihr.

Das Leiden des Menschen wird geheiligt durch das Mitleiden Gottes. Das nimmt den Schmerz nicht, aber es würdigt ihn, es macht ihn wertvoll – bei allem Leiden. Gott selbst lässt sich zeichnen vom Schmerz, von der Verlassenheit.

Gott geht mit – auch wenn uns alle anderen verlassen haben.
Weil wir sein Tempel sind.
Gott wohnt in uns.
Er geht all unsere Menschenwege mit.

Auch die, die wehtun.

O Herr, führe mich ans Ziel meines Weges. Wenn die Kraft nicht mehr reicht, wenn ich mich verlassen fühle, wenn ich denke, nur auf mich verwiesen zu sein, dann sei du da. Verzeih mir wenn ich falle – wieder und wieder. Ich will es nicht. Aber manchmal kann ich nicht anders.

8 Jesus und die Weinenden

Es folgte Jesus aber eine große Menge des Volkes und Frauen, die ihn beweinten und beklagten. Jesus aber wandte sich zu ihnen und sprach: «Ihr Töchter Jerusalems, weint nicht über mich, weint vielmehr über euch selbst und über eure Kinder! Denn siehe, es werden Tage kommen, da wird man sagen: Selig die Unfruchtbaren und der Schoß, der nicht geboren, und die Brüste, die nicht genährt haben! Dann wird man anfangen, zu den Bergen zu sagen: Fallt über uns! Und den Hügeln: Bedeckt uns! Denn wenn man dies am grünen Holz tut, was wird an dem dürren geschehen?»

Lukas 23,27–31

8

Mit LEID.
Mitgefühl.
Es tut weh,
ratlos · kraftlos · ohnmächtig

Selbstmitleid: Es musste so kommen.
Die Hoffnung zerplatzt und stattdessen nur Tränen.
Erinnerungen an schöne Zeiten, an kraftvolle Reden.
Warum … Wenn nur … Was wäre, wenn …

Es nutzt alles nichts. Das Ende ist vorauszusehen. Die Weinenden weinen aus Hilflosigkeit und um sich selbst.
Kein Trost. Abschied nehmen.

Niemand ist eine Insel.
Das eigene Leid zu tragen ist schon schwer, aber das Leid eines Anderen zu er-tragen, führt oft über die Grenzen des Menschlichen hinaus.
Unsere Verbundenheit mit den anderen hat seinen Preis. Wir fühlen mit, können aber doch nichts ändern.
Uns bleiben nur die Tränen – und die Erinnerungen.

Es tut weh, den geliebten Menschen leiden zu sehen
– auf der Intensivstation im Krankenhaus, in der
unvertrauten Umgebung im Pflegeheim, an seiner
eigenen Verwirrung, an seiner Angst.
Leiden unter den Schikanen, dem Mobbing, den
vielen, kleinen Sticheleien. Leiden an der
Arbeitslosigkeit und der Sinnlosigkeit eines Lebens.
Leiden an der Hoffnungslosigkeit.
Die Kreuze unseres Lebens haben viele Namen. Und
es gibt ein Kreuz, das meinen Namen trägt.

Und wir dürfen darüber weinen – ich darf weinen
über dein Kreuz, ich darf weinen über mein Kreuz –
und über die Kreuze derer, die zu meinem Kreuz
werden.

*Ich werde reines Wasser über euch sprengen, dass ihr
rein werdet von aller Unreinheit, und von all euren
Götzen werde ich euch reinigen. Und ich werde euch
ein neues Herz ~~geben~~ und einen neuen Geist in euer
Inneres geben. Euer Herz aus Stein werde ich
wegnehmen und euch ein Herz von Fleisch geben.*

Wenn Gott das Leben in Fülle für uns will, dann will
er auch unsere Lebendigkeit. Dass wir spüren, fühlen,
empfinden, was und wie das Leben ist. Und Leben ist
nicht nur schön. Wer das sagt, der lügt – und wer uns
das verkaufen will, will damit Geld verdienen.

Das Herz aus Fleisch ist ein Herz, das fühlt, das mitfühlt, das empfindet, das sich freuen kann, das weinen kann.

Freut euch mit den Fröhlichen, weint mit den Weinenden.

Die Botschaft Christi ist die Einladung zur Solidarität. Niemand ist eine Insel – deshalb seht auf den Menschen, seht auf euch! Und wir können solidarisch sein, weil einer mit uns solidarisch war. Weil da einer stellvertretend für uns sein Kreuz auf sich genommen hat, damit wir die Kreuze unseres Lebens tragen können.

Wir können davor weglaufen – aber wer sich den Realitäten nicht stellt, wer sie nicht annimmt, wird sie nicht verändern können. Dabeibleiben, aushalten, mitgehen – so wie die Frauen am Kreuzweg Jesu. Die eigene Ohnmacht aushalten – und doch bleiben: unter dem Kreuz, auf dem Weg. Und den Tränen in mir Raum geben. Zulassen, dass ich nicht mehr weiter weiß. Zulassen, dass ich nicht mehr weiter kann.

Wir predigen Christus, den Gekreuzigten. Denn die göttliche Torheit ist weiser als die Menschen, und die göttliche Schwäche ist stärker als die Menschen. Schaut doch nur auf eure Berufung, Brüder und Schwestern! Da sind nicht viele Weise im Sinn der Welt, nicht viele Mächtige, nicht viele Hochgeborene. Nein, was die Welt für töricht hält, hat Gott auserwählt, um die Weisen zu beschämen; was die Welt für schwach hält, hat Gott auserwählt, um das Starke zu beschämen.

Wir dürfen all das Schwache in uns zulassen, wir dürfen weinen. Gott will nicht unsere Stärke, unser Perfektsein, unsere Vollkommenheit. Wir dürfen weinen über uns und unsere Kinder – wir dürfen weinen über all die Kreuze im Leben von Menschen, in unserem eigenen Leben. Wir dürfen fühlen, lieben, trauern, sein!

O Gott! Lass nicht zu, dass ich mich jemals meiner Tränen schäme. Sie sind Wasser des Lebens, meiner Lebendigkeit! Und wenn sie salzig über meine Wunden und Verletzungen fließen, dann lass mich nicht hart werden, lass mich nicht abstumpfen. Schenk mir das Herz aus Fleisch, auch wenn es manchmal schmerzt! Mache du mein Herz weit, damit ich lieben und mitfühlen kann.

9 Der dritte Fall

Lasst uns mit Ausdauer in dem Wettkampf laufen, der uns obliegt. Dabei wollen wir hinblicken auf den Anführer und Vollender des Glaubens, auf Jesus. Statt der Freude, die vor ihm lag, erduldete er das Kreuz, achtete nicht auf die Scham und hat sich nun zur Rechten des Thrones Gottes niedergelassen. Ja, betrachtet den, der solchen Widerspruch von Seiten der Sünder gegen sich erduldete, damit ihr nicht ermattet, indem eure Seelen den Mut verlieren.

Hebräer 12,1b–3

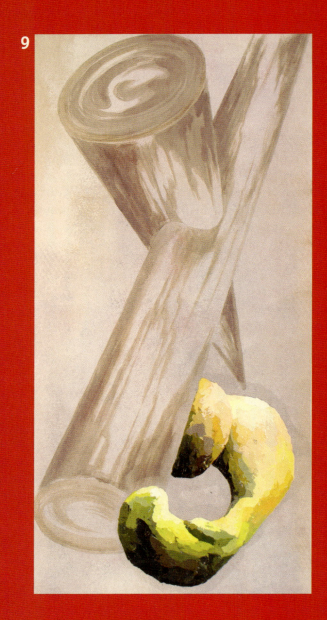

Schon zweimal gefallen · und nun wieder.
Das Kreuz wird größer und schwerer mit jedem
Schritt. Aufgeben?

Es ist unerträglich. Es ist nicht mehr zu ertragen. Wie oft noch und wie viel Mal fallen?
Und in dem Schmerz formt sich anfanghaft der Schrei: «Mein Gott, mein Gott warum hast du mich verlassen?»

Er will und er kann nicht mehr. Möge es einfach nur vorbei sein. Keine schöne theologische Begründung – nur die menschliche Schwäche.
Das Kreuz zwingt in die Knie.
Aber – er steht auf. Noch einmal.

Die großen und die kleinen Kämpfe des Lebens und die, die wir immer wieder mit uns selbst führen. Wir fallen hin – und doch gilt noch immer: Nicht das Fallen ist entscheidend, sondern ob ich liegen bleibe oder wieder aufstehe.
Es ist die Frage: Wem gebe ich die Macht – dem Kreuz oder dem Leben?

Er hat sich entschieden.
Er steht auf.

---

59 · NEUNTE STATION

Nachfolge – das ist ein Weg mit den Kreuzen unseres Lebens. Nachfolge geht nicht grade mal eben so nebenbei und vielleicht dann, wenn ich zufällig Zeit habe. Nachfolge geht entweder ganz oder gar nicht. Und wenn ich dem nachfolge, der uns vorausgegangen ist, dann bin ich vor Entscheidungen gestellt.

Jesus sprach zu ihm: «Willst du vollkommen sein, so geh hin, verkaufe, was du hast, und gib es den Armen – und du wirst einen Schatz im Himmel haben – und komm und folge mir nach.» Als der junge Mann aber das Wort gehört hatte, ging er traurig davon, denn er hatte viele Güter.

Ja, Nachfolge, das ist eine Vision. Visionen sind nicht dazu da, dass sie ‹verwirklicht› werden – Visionen sind dazu da, meinen Schritten eine Richtung zu geben, mich auszurichten auf ein Ziel hin. Wenn ich mich auf eine Vision hin ausrichte, dann setze ich meine Schritte konsequent auf dieses Ziel hin. Das heißt nicht, dass ich dieses Ziel damit erreiche – aber ich bin ihm immerhin näher gekommen.

Der Herr der Heere wird auf dem Berg Zion allen Völkern ein Festmahl bereiten, ein Mahl von abgelagerten Weinen, von besten Speisen mit erlesenstem Wein. Er vernichtet den Tod auf immer, und Gott, der Herr, wischt ab die Tränen von jedem Angesicht.

Das ist die Zusage, auf die hin wir unsere Schritte ausrichten können. Die uns beim Aufstehen hilft, wenn wir wieder einmal gefallen sind. Das ist das Ziel, auf das hin wir zugehen, wenn die Kreuze unseres Lebens uns zu erdrücken scheinen.
Man darf fallen. Aber Nachfolge heißt auch, immer wieder aufzustehen – und den nächsten Schritt zu probieren. Auch unter der Last des Kreuzes …

Ja, Gott, ich fühle mich alleine gelassen. Das Kreuz macht einsam. Man leidet immer allein. Das Gefühl nimmt mir niemand – auch du nicht! Trotzdem: Nimm mich ernst! Ich leide und falle, weil ich die Last nicht mehr tragen kann! Ich will und ich kann nicht mehr! Aber weil ich an dich glaube – trotz allem, was dagegen spricht – weiß ich, du bist irgendwie da.

10 Die Würfel sind gefallen

Ich aber bin ein Wurm und kein Mensch, der Leute Spott und des Volkes Verachtung. Alle, die mich sehen, sie spotten über mich, sie verziehen die Lippen, schütteln das Haupt: «Er vertraute auf den Herrn, der mag ihn retten; der mag ihm helfen, wenn er ihn liebt.»
Hingegossen bin ich wie Wasser, auseinander gerissen ist all mein Gebein. Mein Herz ist geworden wie Wachs, zerflossen in meinem Innern. Vertrocknet wie eine Scherbe ist meine Kehle, die Zunge klebt mir am Gaumen.
All mein Gebein kann ich zählen; sie schauen und gaffen auf mich, sie teilen unter sich meine Kleider und losen um mein Gewand.
Du aber, steh nicht fern, Herr! Du, meine Hilfe, eile herbei, um mich zu retten!

Psalm 22,7–9.15–16.18–19

Ein Leben · ein Spiel. Das Leben als Spiel? Das Spiel des Lebens.

Spöttisches Lachen – verletzende Bemerkungen. Für die Soldaten ein Spiel. Ihm ist jetzt alles genommen: Würde, Freiheit, die Freunde – und nun auch noch das letzte Hemd.

Was bleibt? Die Gedanken und Erinnerungen, die Stärke und der Glaube – das bleibt. Alles kann uns scheinbar genommen werden – und doch nie alles. Die eigentlichen Schätze des menschlichen Lebens – Hoffnung und Vertrauen, Liebe und die Macht des Glaubens – kann einem Menschen niemand nehmen. Darüber entscheide alleine ich in meiner Freiheit.

Das Leben kann sein Spiel mit mir treiben, und die Würfel können fallen. Ich kann alles verlieren, allen Besitz und sogar das Leben selbst –
doch nie meinen Wert als Mensch.

Dachau – Auschwitz – Kosovo – Afghanistan – Irak – Edith Stein – Alfred Delp – Dietrich Bonhoeffer – Mutter Teresa.

Die Würfel sind gefallen.

Sie haben alles genommen. Und es bleibt nur der Schrei: «Mein Gott, mein Gott, warum hast du mich verlassen?»
Als letzte Hoffnung bleibt der Schrei zu dem, von dem ich mich verlassen fühle. Die Hoffnung des Glaubens.

Deinen Namen will ich künden den Schwestern und Brüdern, inmitten der Gemeinde will ich dich preisen. Denn er hat nicht verschmäht noch verachtet das Elend des Armen, vor ihm nicht verborgen sein Angesicht, er hat ihn gehört, da er gerufen zu ihm.

Es ändert nichts daran, dass der Weg gegangen werden muss. Dass ich den Weg gehen muss.
Aber er geht mit. Er lässt nicht zu, dass sie mir alles nehmen. Er schaut mich an – und gibt mir Ansehen, in all meiner Nacktheit, in all meiner Blöße.
Vielleicht braucht es unsere Nacktheit, damit wir uns ihm ganz geben können. Vielleicht können erst der Schmerz und das Leid uns zeigen, wie zerbrechlich wir sind und wie sehr wir Gott brauchen. Vielleicht können wir nur dann alles bekommen, wenn wir alles hergegeben haben?

Da sagte Petrus zu Jesus: «Sieh, wir haben alles verlassen, und sind dir nachgefolgt.»

Es gibt Situationen in meinem Leben, in denen ich nichts mehr ändern kann. Die Würfel sind gefallen. Und doch gibt es etwas, was ich auch dann immer noch tun kann: mich Gott geben. Ihm meine Fragen, meine Zweifel, meinen Protest hinhalten. Es nimmt mir meine Fragen nicht unbedingt – aber es lässt sich anders damit leben.

«Die da in weiße Gewänder gehüllt sind, wer sind sie?» «Das sind die, die aus der großen Drangsal kommen … und der, der auf dem Thron sitzt, wird über ihnen sein Zelt aufschlagen. Sie werden keinen Hunger und keinen Durst mehr leiden … und Gott wird jede Träne abwischen von ihren Augen.»

Mit dir gehe ich durch den Tod dem Leben entgegen.

Mein Gott, du bist bei mir, auch wenn alles andere nicht mehr da ist. Meine Würde kommt nicht von den Menschen, sondern von dir. Du bist mein Gott. Dir glaube ich, auf dich hoffe ich, dir vertraue ich.

11 Ans Kreuz mit ihm

Und wie Mose die Schlange in der Wüste erhöht hat, so muss der Menschensohn erhöht werden, damit jeder, der glaubt, durch ihn ewiges Leben habe. Denn so sehr hat Gott die Welt geliebt, dass er seinen einzigen Sohn dahingegeben hat, damit jeder, der an ihn glaubt, nicht verloren gehe, sondern ewiges Leben habe. Denn Gott hat den Sohn nicht in die Welt gesandt, damit er die Welt richte, sondern damit die Welt durch ihn gerettet werde. Wer an ihn glaubt, wird nicht gerichtet. Wer nicht glaubt, ist schon gerichtet, weil er an den Namen des einzigen Sohnes Gottes nicht geglaubt hat. Darin aber besteht das Gericht: Dass das Licht in die Welt gekommen ist und die Menschen die Finsternis mehr liebten als das Licht; denn ihre Werke waren böse. Denn jeder, der Schlechtes tut, hasst das Licht und kommt nicht zum Licht, damit seine Werke nicht aufgedeckt werden. Wer aber die Wahrheit tut, der kommt zum Licht, damit seine Werke offenbar werden, dass sie in Gott getan sind.

Johannes 3,14–21

Hart schlägt der Hammer zu.
Das Ziel der Verfolger ist erreicht.
Es beginnt.

Die Finsternis scheint das letzte Wort zu haben. Der Weg ist zu Ende. Nun hört alles auf. Das Kreuz wird erhöht – aber nicht zum letzten Mal.

Jesus wird gekreuzigt auf einer Müllkippe zwischen zwei Dieben. Das ist brutale Realität, hier und heute. Die Menschen lieben die Finsternis mehr als Licht. Das Böse gab es nicht nur irgendwann einmal auf Golgota, sondern es lebt in mir, in dir, in uns. Wir raffen und gieren, rüsten und kämpfen – im Kleinen wie im Großen. Der Bann des Bösen scheint die Übermacht zu haben, damals wie auch heute.

Krieg und Kinderschändung, Mord und Holocaust, zerstörerische Konkurrenz, Ausbeutung, Menschen als Ware, Armut und Not, Hunger und Krankheit.

Und doch glauben wir an Wandlung!

Jesus von Nazaret. König der Juden!

Kreuzigung – das geschieht hier und heute.
Zugegeben – nicht mehr mit Hammer und Nagel.
Wir sind subtiler geworden.
Weitergabe falscher Informationen, Unterstellungen, Gerüchte – es wird schon was hängen bleiben. Bombenanschläge, Ausländerhass, Stammtischparolen, Vorurteile – wir sind die Meinung! Krieg, Mobbing, Ausgrenzung, Liebesentzug – dich krieg ich klein! Hunger, Ausbeutung, vom Überfluss nicht abgeben, gedankenlos leben – ich bin der Nabel der Welt!

Weh denen, die auf Böses und üble Taten sinnen auf ihren Lagern, um es im Morgengrauen zu vollführen, weil sie die Macht dazu haben! Gelüstet es sie nach Feldern – sie rauben sie, nach Häusern – sie nehmen sie weg. Sie bemächtigen sich des Menschen und seines Hauses, des Besitzers und seines Eigentums.

Ich kreuzige und ich werde gekreuzigt. Eine Spirale der Gewalt, eine Spirale des Todes.
Wie du mir, so ich dir.
Gott zerbricht diese Spirale – durch die Liebe. Der Tod, die Gewalt, das Böse hat keine Macht mehr. Die Liebe ist stärker als der Tod, das Licht siegt über die Finsternis.

Wer nicht liebt, hat Gott nicht erkannt, denn Gott ist die Liebe. Darin ist die Liebe Gottes unter uns erschienen, dass Gott seinen einzigen Sohn in die Welt gesandt hat, damit wir durch ihn leben. Darin besteht die Liebe: nicht dass wir Gott geliebt haben, sondern dass er uns geliebt und seinen Sohn als Sühne für unsere Sünden gesandt hat.

Wir können das Böse aus unserem Leben nicht einfach wegnehmen – das Einzige, was uns bleibt, ist, dem Bösen die Liebe entgegenzusetzen.
Lieben gegen den Tod, den Hass, das Böse in mir – und in denen, die scheinbar die Macht haben.
Das ist das ungeheure Geschenk Gottes an uns: Wir dürfen ihm all das hinhalten, damit er es verwandelt. Damit er uns verwandelt. So wie Jesus Tod in Leben verwandelt. Wenn wir dazu bereit sind.

Abba, Vater! Und wenn ich leiden muss und wenn ich zusehen sollte, wie andere in meiner Nähe zu leiden haben, und wenn ich gekreuzigt werde, dann lass nicht zu, Licht meines Lebens, dass meine Dunkelheit zu mir spricht. Halte mich fest im Glauben. Im Glauben an Wandlung.

12 Der Tod

Ist Gott für uns, wer ist dann gegen uns? Er, der seinen eigenen Sohn nicht geschont, sondern ihn für uns alle dahingegeben hat, wie sollte er uns mit ihm nicht alles schenken? Christus Jesus, der gestorben ist, oder mehr noch, der auferweckt wurde, der zur Rechten Gottes ist, er ist es, der für uns eintritt. Wer will uns scheiden von der Liebe Christi? Trübsal oder Bedrängnis oder Verfolgung oder Hunger oder Blöße oder Gefahr oder Schwert? Aber all das überwinden wir durch den, der uns geliebt hat. Denn ich bin gewiss, dass weder Tod noch Leben, weder Engel noch Herrschaften, weder Gegenwärtiges noch Zukünftiges, noch Mächte der Höhe oder Tiefe, noch irgendein anderes Geschöpf uns zu scheiden vermag von der Liebe Gottes, die in Christus Jesus ist, unserem Herrn.

Römer 8,31b–32.35.37–39

12

Abgrund · und doch nur Übergang in Zeit und Raum. Das Omega wird zum Alpha.

Das Geschenk: «Da ist dein Sohn.» «Da ist deine Mutter.»
Die Vergebung: «Heute noch wirst du mit mir im Paradies sein.»
Das Bedürfnis: «Mich dürstet.»
Der Übergang: «Es ist vollbracht.»
Dunkelheit. Totenstille. Verlassenheit.

Dem Tod können wir nicht entgehen. Schritt für Schritt unseres Lebens schreiten wir dem Tod entgegen. Du und ich. Wir alle.

Das letzte Lassen. Unsicherheit. Angst. Wissen wollen.
Bruder Tod. Ignoriert. Verkannt. Verachtet. Aber nicht zu umgehen.

Das Leben wird nur durch den Tod vollendet.
Der neue Anfang.
Befreiung aus Raum und Zeit.

Es ist vollbracht ...

Die Fesseln von Raum und Zeit werden durchbrochen.
Gott holt heim.
Alles, was schwer und mühsam war, bleibt zurück.
Die Grenze ist überschritten. Ein neues Land – und doch irgendwie altbekannt und vertraut.
Heimkommen.

Glaube aber ist das feste Vertrauen auf das, was man erhofft, ein Überzeugtsein von dem, was man nicht sieht. Durch Glauben gehorchte Abraham, als der Ruf an ihn erging, auszuwandern an einen anderen Ort, den er zum Erbe erhalten sollte; und er wanderte aus, ohne zu wissen, wohin es ging. Durch Glauben ließ er sich als Fremdling im Land der Verheißung nieder und wohnte in Zelten mit Isaak und Jakob. Denn er wartete auf die Stadt mit den festen Grundmauern, deren Baumeister und Gründer Gott ist. Gläubig sind diese alle gestorben, ohne die Verheißung erlangt zu haben; sie haben sie von ferne gesehen und begrüßt und haben bekannt, dass sie Fremdlinge und Pilger seien auf Erden. Denn die so sprechen, geben zu verstehen, dass sie eine Heimat suchen.

Zurücklassen – all das, was bindet, was fesselt.
Aufbrechen in die Freiheit. Aufbruch in das Land der
Liebe. Heimkehren zu dem, aus dem ich bin.

Übergang. Niemandsland. – Ihre Papiere, bitte.
Von Beruf: Grenzgänger. – Wohnort: Ausgespannt
zwischen Himmel und Erde. Festgenagelt auf die
Liebe. Frei für das Leben.
Der Tod ist nur ein Übergang. Leben hört nicht auf,
sondern fängt an.

*«Siehe, ich mache alles neu. Ich bin das Alpha und das
Omega, der Anfang und das Ende. Ich will dem
Dürstenden umsonst zu trinken geben vom Quell des
Lebenswassers. Ich will ihm Gott sein, und er wird
mein Sohn sein, sie wird meine Tochter sein.»*

Nicht der Tod hat das letzte Wort – sondern das
letzte Wort hat immer die Liebe.

Herr, Gott über Leben und Tod. Schenke mir eine
gute Sterbestunde. Und wenn ich leiden muss, dann
nicht sinnlos. Lass mich, Herr, in Würde sterben
und dir mein Leben zurückgeben. Nimm mich dann
an, wie ich bin – als dein Sohn, deine Tochter, als
Sünder und Schächer, als bedürftiger Mensch.

13 Zurück zur Mutter

Und Simeon segnete die Eltern Jesu und sprach zu Maria, seiner Mutter: «Siehe, dieser ist gesetzt zum Fall und zum Aufstehen vieler in Israel und zu einem Zeichen, dem widersprochen wird; aber auch deine eigene Seele wird ein Schwert durchdringen – auf dass die Gedanken aus vielen Herzen offenbar werden.»

Lukas 2,34–35

13

Wie einst zu Betlehem, nun auch auf Golgota · die Umarmung einer Mutter. «Am Ende bleiben Glaube, Hoffnung, Liebe – diese drei. Am größten jedoch unter ihnen ist die Liebe.»

Ausgelitten.

Jesus ist befreit. Maria weiß es, doch unendlich ist ihr Schmerz. Sie gebar ihn, sie liebte ihn. Jetzt muss sie die Spannung aushalten zwischen Werden und Vergehen. Sie muss es ertragen, seinen toten Leib in ihren Armen zu halten.
Sie gibt her.

Einen geliebten Verstorbenen halten, spüren wie die Wärme langsam den Körper verlässt, das Licht erlischt, die Spannung weicht –
zu erfahren: auch ich, irgendwann, irgendwie.

Trennung.
Schmerz.
Hilflosigkeit.

Ja, Jesus hat ausgelitten. Er braucht die Schmerzen, den Spott, die Häme nicht mehr zu ertragen. Gehalten von den Armen seiner Mutter ist er zu seinem Vater gegangen, er ist heimgekehrt.

Die der Herr erlöste, kehren heim, jauchzend werden sie nach Zion kommen, ewige Freude strahlt über ihren Häuptern. Jubel und Wonne wird ihr Anteil, entflohen sind Leid und Kummer. Ich, ich selbst bin es, der dich tröstet.

Aber die Toten lassen die Lebenden zurück. Es bleibt ein letzter Blick, eine letzte Umarmung – um den geliebten Leib dann der Erde, dem Feuer, dem Vergehen zu geben. Um ihn Gott zu geben.

Das ist die Nagelprobe. Glauben wir wirklich, was wir glauben? Es geht nicht um Wissen. Es weiß niemand. Es geht um Glauben.

Wer mein Wort und dem glaubt, der mich gesandt hat, der hat ewiges Leben und kommt nicht ins Gericht, sondern ist aus dem Tod ins Leben hinübergegangen.

Glaube ich das? Für diejenigen, die vor mir heimkehren? Und für mich?

Und ich werde erinnert an meinen eigenen Tod –
eines Tages, irgendwann, irgendwo.
Wird da einer sein, der meinen toten Leib umarmt?
Wird da einer sein, der mit mir geht?
Ja, da ist Angst, Sorge, Ungewissheit. Unterdrückt,
weggeschoben, verneint. Und doch irgendwie da.
Manchmal.

*Wie ein Kind auf dem Schoß der Mutter, wie ein Kind,
so ruht meine Seele in mir.*

Gott ist nicht nur Vater, sondern auch Mutter. Zu
ihm, zu ihr kann ich flüchten, wenn alles um mich
herum zusammenbricht. Und er nimmt mich in
seine Arme – und sie fängt mich zärtlich auf.

*Als Israel jung war, gewann ich es lieb, aus Ägypten rief
ich meinen Sohn. Ich habe Efraim das Gehen gelehrt,
habe es auf meine Arme genommen. Ich war wie
Eltern, die den Säugling an ihre Wangen heben. Ich
beugte mich zu ihm und gab ihm zu essen.*

Aufgehoben.

Maria, Mutter Gottes, bitte für uns, jetzt und in
der Stunde unseres Todes. Amen.

7. 4.

14 Das Grab

*Stiege ich zum Himmel empor, so bist du zugegen;
wollte ich in der Unterwelt lagern, so bist du auch dort.
Nähme ich des Morgenrots Schwingen und ließe mich
nieder am fernsten Gestade: Auch dort noch wird deine
Hand mich geleiten und deine Rechte mich halten.
Und sagte ich auch: Finsternis soll mich bedecken und
Nacht mich umgeben wie sonst das Licht: So ist doch
selbst Finsternis nicht dunkel für dich, Nacht ist dir hell
wie der Tag.*

Psalm 139,8–12

Übergang
hinabgestiegen in das Reich des Todes

Totenstille · Eiseskälte · Grabesruhe
abgrundtiefe Solidarität.

Der Stein vor dem Grab besiegelt ein Leben,
versperrt den Zutritt, zieht die Grenze zwischen dem
Reich der Toten und dem Land der Lebenden.

Aber in diesem Grab Jesu liegt nicht nur er!
Dort begraben – die Erwartungen. Dort zerschlagen
– die Hoffnung. Dort einbalsamiert – die Träume. Im
Leinentuch aufgebahrt – die Sehnsucht nach
Aufbruch und Veränderung. Das Licht der Welt liegt
im Dunkel der Erde.

Alles, was tot ist, wird begraben: Menschen und
Gefühle. Scheinbar ist nichts ewig, scheinbar vergeht
alles. Der Stein markiert die Grenze, wird zum
Grenzstein der Hoffnung und des Glaubens

«Dein Bruder wird auferstehen. Glaubst du das?» –
«Ja, Herr, ich glaube ...»

Es gibt Momente im Leben, da hat man das Gefühl, die Welt steht still, dreht sich nicht mehr, hält den Atem an. Da ist etwas in mir gestorben, zerbrochen, zerschlagen. Ich will nicht mehr, und ich kann nicht mehr. Da gibt es Erfahrungen, Schmerzen, Leid, Not, die wie ein Stein auf mir lasten. Und die mich vom Leben trennen. Bei lebendigem Leib begraben – aber bin ich überhaupt noch lebendig?

So spricht Gott, der Herr: «Siehe, ich öffne eure Gräber und hole euch heraus aus euren Gräbern, mein Volk, und bringe euch in das Land Israel, und ihr sollt erkennen, dass ich der Herr bin, wenn ich eure Gräber öffne und euch aus euren Gräbern heraushole, mein Volk. Ich lege meinen Geist in euch hinein, dass ihr lebendig werdet, und bringe euch in euer Land, und ihr sollt erkennen, dass ich, der Herr, es gesagt und ausgeführt habe», spricht der Herr.

Die Solidarität Gottes besteht darin, dass er nicht von irgendeinem fernen Thron uns als Marionetten herumdirigiert, sondern dass er sich in Jesus Christus selbst in all das Leiden von uns Menschen hineinbegibt. Das ist im wahrsten Sinne des Wortes ‹abgrundtiefe› Solidarität.

Er selbst stirbt den Tod am Kreuz, er selbst liegt im Grab. Er geht uns ins dunkelste Dunkel nach, ja, er geht uns sogar voraus, um uns dort abzuholen, wo wir sind: in der Finsternis, in der Verlorenheit, in der Verzweiflung – im Tod. Mit dem einzigen Ziel: uns zum Leben zu führen!

Ich bin gekommen, damit sie das Leben haben und es in Fülle haben.

Gott leugnet den Tod und die Gräber unseres Lebens nicht – er begibt sich selbst mit hinein. Aber Grab und Tod sind nicht das Ende, sondern der Anfang. Wir lassen los, was uns festhält – und gehen in die Freiheit Gottes hinein.
Das, was für uns Ende, Tod, Aus war, wird zum Ausgangspunkt neuen Lebens.

Erschreckt nicht! Ihr sucht Jesus von Nazaret, den Gekreuzigten. Er ist auferweckt worden, er ist nicht hier.

Du, Gott, bist ein Gott der Lebenden, nicht der Toten. Lass allen Schein verschwinden und schenke mir Sein. Lass mich erkennen, was wichtig ist! Schenke Vertrauen und Hoffnung. Schenke den Glauben!

15 Der Grund aller Hoffnung

Das Wort war das wahre Licht, das jeden Menschen erleuchtet, es kam in die Welt. Er war in der Welt, und die Welt ist durch ihn geworden, und die Welt hat ihn nicht erkannt. Er kam in sein Eigentum, und die Seinigen nahmen ihn nicht auf. Und das Wort ist Fleisch geworden und hat unter uns gewohnt, und wir haben seine Herrlichkeit geschaut, die Herrlichkeit des einzigen Sohnes vom Vater, voll Gnade und Wahrheit.

Johannes 1,9–11.14

15

Sinn gegen Sinnlosigkeit
Geheimnis des Glaubens: Im Tod ist das Leben.

O Herr! Wieso sah ich und blieb doch blind?
Wieso habe ich gehört und verstand doch nicht?
Warum habe ich meinen Ängsten mehr geglaubt als
deiner befreienden Botschaft?

Hätte ich ihn erkennen können?

Es ist unmöglich, es kann nicht sein –
und doch ist es, wirklich und wahr:
Jesus lebt!

Erst die Auferstehung macht den Glauben an
Wandlung möglich.
Nichts
– nein, gar nichts ist unüberwindbar.

Die Gegensätze werden vereint.
Was ich in meinem Leben nicht vermag, hat er schon
für mich übernommen.

Die Liebe ist stärker als der Hass.
Das Leben mächtiger als der Tod.

Thomas aber, einer von den Zwölfen, Zwilling genannt, war nicht unter ihnen, als Jesus kam. «Wenn ich nicht an seinen Händen das Mal der Nägel sehe und meinen Finger in das Mal der Nägel lege und meine Hand in seine Seite, so werde ich nimmermehr glauben.» Und nach acht Tagen waren seine Jünger wiederum drinnen und Thomas unter ihnen. Da kommt Jesus bei verschlossenen Türen, trat in ihre Mitte und sagte: «Friede sei mit euch.» Dann sagt er zu Thomas: «Tu deine Finger hierher und sieh meine Hände an, und tu deine Hand her und lege sie in meine Seite, und sei nicht ungläubig, sondern gläubig.» Thomas antwortete und sagte zu ihm: «Mein Herr und mein Gott.» Jesus sagt zu ihm: «Weil du mich gesehen hast, hast du geglaubt. Selig, die nicht sehen und doch glauben.»

Auch der Auferstandene kommt nicht unverletzt davon. Im Gegenteil: Die Wundmale werden zum Erkennungszeichen dessen, der durch den Tod zum Leben gegangen ist. Das Licht wirft Schatten – auch auf den Auferstandenen. Und doch wächst er aus dem Dunkel dem Licht entgegen – und umarmt das Leben. Und indem er sich gibt, sich verschenkt, teilt er das Leben aus – weil er selbst das Leben ist.

Ich bin die Auferstehung und das Leben. Jeder, der lebt und an mich glaubt, wird in Ewigkeit nicht sterben.

Wir können die Auferstehung Jesu nicht wissenschaftlich beweisen. Wir können ‹nur› glauben. Aber könnte es sein, dass Glauben vielleicht sogar mehr ist als Wissen? Dass Glauben in Dimensionen unseres Lebens hineinreicht, die das Wissen gar nicht erreichen kann? Will ich wissen, oder kann ich glauben?

Wenn ich die Prophetengabe habe und alle Geheimnisse weiß und alle Erkenntnis besitze und wenn ich Glauben habe, sodass ich Berge zu versetzen vermöchte, habe aber die Liebe nicht, so bin ich nichts.

Liebe ich wirklich – oder liebe ich, um geliebt zu werden? Lebe ich – oder lasse ich mich leben? Der Kreuzweg Jesu ist die Nagelprobe. Er liebte nicht, um geliebt zu werden, und er ließ sich nicht leben, sondern er hat gelebt. Er hat Leid und Schmerz nicht verdrängt, abgewehrt, anderen die Schuld gegeben. Jesus Christus war ganz Mensch – und er hat gelebt, gelitten und ist gestorben. Und er ist auferstanden.

Wenn wir Jesu Nachfolge antreten, wenn wir seinen Weg gehen, dann werden wir leben. Mit allen Höhen und Tiefen, mit Schrei und Schmerz, mit Tränen und Lachen, mit Lieben und Wissen-Wollen, mit Lust und Freude – wir werden leben. Und wir werden auferstehen.

Siehe, das Zelt Gottes unter den Menschen. Und er wird bei ihnen sein Zelt aufschlagen, und sie werden seine Völker sein, und er selbst, Gott mit ihnen, wird ihr Gott sein. Und er wird abwischen jede Träne von ihren Augen, und es wird keinen Tod mehr geben, auch keine Trauer, keinen Klageschrei, keine Mühsal wird es mehr geben; denn das Frühere ist vorbei.

Das ist die Zusage.
Und da war einer, der hat dies beispielhaft durchlebt.
Damit wir ihm nachfolgen.
Deshalb:

Betet mit mir, Brüder und Schwestern, dass mein und euer Opfer, das Opfer unseres Lebens, Gott, dem allmächtigen Vater, gefalle.
Der Herr nehme das Opfer an zum Lob und Ruhm seines Namens, zum Segen für uns und seine ganze heilige Kirche.

Verzeichnis der Bibelstellen in den Betrachtungstexten

1. Station
Joh 19,16
Joh 1,4.14
Jes 9,1
Joh 1,5

2. Station
Gal 6,2
Jes 53,4.7
Ps 56,9
Joh 19,17

3. Station
Röm 15,1.3
Lk 16,13

4. Station
Lk 2,35
Jes 53,2–3
Mt 28,20
Jes 66,13

5. Station
Jes 42,5–6
Jes 42,6
2 Kor 13,4

6. Station
Hld 8,6–7
1 Kor 13,4.7

7. Station
Jes 40,28–30
1 Kor 3,16–17

8. Station
Ez 36,25–26
Röm 12,15
1 Kor 1,23a.25–27

9. Station
Joh 11,23.26a.27
Mt 19,21–22
Jes 25,6–8a

10. Station
Ps 22,23.25
Mk 10,28
Offb 7,13–17

11. Station
Micha 2,1–2
1 Joh 4,8–10

12. Station
Joh 19,26–27
Lk 23,43
Joh 19,28
Joh 19,30
Hebr 11,1.8 – 10.13–14
Offb 21,5a.6b.7

13. Station
Jes 51,11.12a
Joh 5,24
Ps 131,2b
Hos 11,1.3a.4b

14. Station
Ez 37,12–14
Joh 10,10
Mk 16,6

15. Station
Joh 20,24–29
Joh 11,25
1 Kor 13,2
Offb 21,3–4

Alle Rechte vorbehalten
© Verlag Herder Freiburg im Breisgau 2005
www.herder.de

Umschlagmotiv und alle Abbildungen im Innenteil:
© William Edward Pieters 2003
Die Kreuzweg-Bilder von William Edward Pieters wurden 2003 für die
Kirche der Gemeinde St. Hildegard/Viernheim gemalt und fotografiert
von Martin Neudörfer – Fotostudio FAKE 3, Viernheim

Der Text auf S. 3 ist zitiert nach Johannes vom Kreuz, Ihn will ich
suchen, den meine Seele liebt – Gebete und Betrachtungen. Hg. vom
Karmel in Mailand, übertragen von Hans Beyrink
© 1988 Verlag Neue Stadt, München

Den Zitaten aus der Bibel ist als Übersetzung zugrunde gelegt: Die Bibel.
Deutsche Ausgabe mit den Erläuterungen der Jerusalemer Bibel. Hg. von
Diego Arenhoevel, Alfons Deissler, Anton Vögtle
© Verlag Herder Freiburg im Breisgau 1968

Innengestaltung: Weiß – Graphik & Buchgestaltung Freiburg
Druck und Bindung: fgb · freiburger graphische betriebe
www.fgb.de

Gedruckt auf umweltfreundlichem,
chlor- und säurefrei gebleichtem Papier
Printed in Germany
ISBN 3-451-28669-6